FACTVM

POVR Meſſire Benoiſt Boihyer, Conſeiller du Roy en ſon Parlement de Bourgogne, Doyen de la Sainte-Chappelle de Dijon, Tuteur de Meſſire Henry Giroud, Seigneur de Veſſay, petit fils & heritier de Meſſire Benoiſt Giroud, Preſident audit Parlement de
Bourgogne, appellant de la Sentence des Requeſtes du Palais de
Dijon, du 3. Septembre 1650.

CONTRE Ieanne Perret, Iacques & Nicolas du Verne, heritiers en partie de feuë
Dame Ieanne Vadot, femme dudit Sieur Preſident Giroud, intimez.
Et contre Pierre du Verne, Louys Benigne, & René Clerguet, Vincent Plaſſard, François
Belot, & Elizabeth Plaſſard mariez, Claude de Villards, & Dorothée Plaſſard ſa femme,
Dominique Puthuin, & Marguerite Milot, auſſi mariez, heritiere en partie auec leſdits
Iacques & Nicolas du Verne & Ieanne Perret, & ladite Vadot, auſſi appellans &
intimez.

IL eſt aſſez commun, & dans l'ordre de la nature, que le plus
puiſſant opprime le plus foible; mais il eſt ſurprenant & extra-
ordinaire, que le foible veüille entreprendre ſur le puiſſant par
les ſeules armes de ſa foibleſſe.

C'eſt neantmoins le fondement de cette action, ou ces cohe-
ritiers de ladite Vadot, qui par vne mauuaiſe conduite, & par
vne diſſipation de leurs biens, ſont retournez dans la miſere, en
laquelle ils eſtoient nez, & dont ils auoient eſté tirez par vne ſucceſſion aſſez ample de plus de cent ſoixante mil liures, ont projetté de ruiner &
rauir les biens d'vn pupille, petit fils de leur bien-facteur, en ſurprenant la Iuſtice
par vne confuſion de pretentions qu'ils n'expliquent pas, accompagnées de cris
& lamentations pour l'émouuoir en faueur de leur miſere.

Henry Giroud, diſent-ils, petit fils de Meſſire Benoiſt Giroud, Preſident au Parlement de Dijon, eſt riche de grands biens, & iuſques à quarante mil liures de
rente. Meſſire Benoiſt Giroud auoit épouſé en ſecondes nopces ladite Vadot,
riche de *ſix cens mil liures*, & neantmoins ſes heritiers ſe treuuent dans la miſere.
Cela ne peut auoir eſté fait que par le pillage qu'a fait ledit Sieur Preſident Giroud, ſoit dans les biens propres de ladite Vadot, ſoit dans les biens communs de
leur ſocieté.

Mais comme c'eſt en ce ſeul argument artificiel & captieux, & dans leurs lar-
mes, que conſiſte toute leur force, & qu'au fonds la Cour n'y remarquera qu'ar-
tifice & tromperie de leur part, s'il luy plaiſt de ſuſpendre ſon Iugement pour en
connoiſtre la verité.

La premiere & la plus importante defenſe dudit Sieur Boihyer contre cette ſur-
priſe, eſt de ſupplier la Cour de ne pas moins ſuſpecter la procedure des heritiers
de ladite Vadot que celle dudit Sieur Preſident Giroud, de ne point ſuppoſer que
les biens de ladite Vadot, quoy qu'aſſez amples, ayent iamais eſté de la valeur de
ſix cens mil liures, moins encore que les biens de ſon pupille reuiennent à quarante mil liures de rente; mais d'attendre qu'on luy faſſe connoiſtre en quoy con-
ſiſtoit les biens des vns & des autres par les inuentaires de leurs ſucceſſions, & la
verité des choſes, & par bonnes pieces authentiques, qui ne ſont point contredi-
tes au procez.

Et de confiderer en outre, qu'encore qu'il fuſt vray que ledit Henry Giroud ſon pupille fuſt riche de quarante mil liures de rente, il ne s'enfuit pas qu'vn fils & petit fils du coſté paternel de deux Preſidens au Parlement de Dijon, vn petit fils du coſté maternel d'vn premier Preſident au meſme Parlement, vn nepueu de deux premiers Preſidens audit Parlement de Dijon & au Parlement de Grenoble, ne puiſſe eſtre riche de quarante mil liures de rente, ſi ſon ayeul paternel ne les auoit volez à ces miſerables, bien qu'en la verité il ne ſe treuuera pas dans tous ſes biens, tant paternels que maternels, le tiers deſdits quarante mil liures de rente.

Au fonds du procez, il faut preſuppoſer que Meſſire Benoiſt Giroud, ayeul dudit Henry Giroud, fut marié en 1611. auec Ieanne Vadot en la Couſtume de Bourgogne: Que ce mariage a duré iuſques en 1639. qu'elle deceda le 13. de May, ayant inſtitué ſes heritiers les parties aduerſes dudit Boihyer, après auoir fait des prelegats iuſqu'à la ſomme de plus de quatre-vingts mil liures, entre leſquels ledit Sieur Giroud ſon mary fut fait legataire de neuf mil liures, de l'vſufruit des meubles de la communauté, y compris la vaiſſelle d'argent, & de quelques maiſons ſituées à Chaalon ſur Saone, & trois des deſcendans dudit Sieur Giroud, chacun de la ſomme de trois cens liures, cela n'eſt point controuerſé.

Il faut encor obſeruer, que ce teſtament a eſté accepté par ſes heritiers teſtamentaires. Cela eſt auſſi ſans controuerſe, & ſe iuſtifie de l'acceptation produite au procez par ſes heritiers, en leur nouuelle production.

Le 16. d'Aouſt 1639. contract fut paſſé entre ledit feu Sieur Benoiſt Giroud & leſdits heritiers de ladite Vadot, contenant partage des biens de la ſocieté d'entre ledit Sieur Giroud & ladite Vadot, & tranſaction ſur les difficultez qui pouuoient naiſtre entr'eux au ſujet de ladite ſocieté & ſucceſſion de ladite Vadot.

De quinze heritiers par elle inſtituez vnze ſe ſont pourueus par Lettres de reſciſion contre ce contract. De ces vnze il y en a huit qui ont tout diſſipé leurs biens, & que le ſeul deſeſpoir a precipité dans cette action; les autres, qui eſtoient mineurs lors de ladite tranſaction, ſe ſont laiſſées entraiſner au torrent des huit premiers, pour les appuyer de leur minorité.

Les moyens de reſciſion dudit contract ont eſté trois; *la force majeure*, qu'ils ont impoſée inſolemment audit feu Meſſire Benoiſt Giroud; *le dol perſonnel, & la leſion*. Trois moyens qui leur furent déniez par ledit feu Sieur Preſident Giroud aux Requeſtes du Palais à Dijon, où l'inſtance eſtoit pendante.

Sur cette denegation il y eut appointement en preuue, qui n'a point eu d'execution, ny meſme leſdits heritiers n'ont point eſté forclos de ladite preuue, & neantmoins Sentence eſt interuenuë deſdites Requeſtes du Palais le 3. Septembre 1650. par laquelle en intherinant leſdites Lettres à l'égard des trois mineurs, ledit contract fut reſcindé, & les parties remiſes au meſme eſtat qu'elles eſtoient auparauant; & à l'égard des huit majeurs, en les deboutant deſdites Lettres, les parties furent miſes hors de Cour & de procez, ſans dépens.

De cette Sentence appel par le Sieur Boihyer contre leſdits heritiers, à ſçauoir contre les trois mineurs, de la reſciſion dudit contract, & contre les huit majeurs, parce qu'ils n'auoient pas eſté condamnez à ſes dépens.

Appel auſſi de ladite Sentence par les huit majeurs deſdits heritiers.

L'injuſtice & la precipitation de ladite Sentence eſt indubitable, par cette ſeule raiſon, qu'vn Iuge ne peut iuger que *ex allegatis, & probatis*, & ces faicts de ladite reſciſion ayans eſté déniez, il en falloit attendre la preuue qu'en deuoient faire leſdits heritiers, auant que de pouuoir prononcer ſur l'interinement deſdites Lettres, & ſi les heritiers majeurs deuoient eſtre deboutez de l'interinement d'icelles, il eſtoit iuſte que ce fuſt auec dépens.

Toutefois parce qu'en cauſe d'appel les vns & les autres deſdits heritiers ſe ſont reduits aux preuues litterales, il n'eſt pas difficile de les conuaincre de malice, de fourberie, & de dol, en quoy conſiſte tout le motif de leur action.

Mais auparauant il faut premettre neuf clauſes contenuës au traitté de mariage entre ledit Meſſire Benoiſt Giroud & ladite Vadot, qui doiuent ſeruir de regles à la deciſion de ce procez.

La premiere est, *Que ladite Vadot pourroit disposer de ses propres constant le mariage.* Cette clause estoit desaduantageuse audit Sieur President Giroud, neantmoins lesdits heritiers de ladite Vadot l'imputent encore à tromperie, mais contre le sens commun.

La deuxiéme, *Que ledit Sieur Giroud pourroit marier ses enfans du premier lict, de ses propres.*

La troisiéme, *Que ladite Vadot ne seroit pas obligée aux debtes que contracteroit ledit Sieur President Giroud constant le mariage, si elle ne s'y estoit specialement obligée auec luy.*

La quatriéme, *Qu'aprés la dissolution du mariage remploy seroit fait sur les meubles & acquests de la communauté, des propres qui seroient alienez au profit de celuy des mariez à qui ils appartiendroient, & specialement si lesdits propres alienez estoient de ladite Vadot, sur les biens propres dudit Sieur Giroud, au cas que la societé ne fust pas vtile.*

La cinquiéme, *Que toutes successions sortiroient nature de propres au profit de celuy des mariez à qui elles écherroient.*

La sixiéme, *Qu'aduenant la dissolution du mariage, ledit Sieur President Giroud preleueroit sur lesdits meubles & acquests, sa chambre garnie, ou pour icelle mil liures, son carosse & ses cheuaux, ou pour iceux douze cens liures.*

La septiéme, *Qu'incontinent aprés le mariage chacun des mariez feroit inuentaire des biens qu'il apporteroit en la communauté, en presence, & du consentement des parties.*

La huitiéme, *Que chacun des mariez payeroit ses debtes, contractées auant le mariage, de ses propres.*

La neufiéme, *Que les mariez se pourroient faire donation l'vn à l'autre de leurs meubles & acquests, & quart de leurs propres.*

Cette clause est aussi imputée à fraude audit Sieur President Giroud, mais sans raison, puis qu'elle est reciproque, qu'elle est ordinaire dans tous les contracts de mariage qui se font en Bourgogne, & se trouueront mesme dans les contracts de mariage desdits heritiers, s'ils osent les representer.

Cela presupposé, des trois moyens de rescision desdites Lettres, les deux premiers, à sçauoir la force majeure, & le dol, n'estans ny circonstantiez, ny preuuez, ils ne donnent pas de peine à s'en defendre, ioint que le dol seul, sans lezion, ne peut faire rescinder vn contract, *l. 1. & tot tit. ff. de dol. mal.*

Reste le troisiéme moyen, qui est la lezion, que lesdits heritiers fondent sur deux choses ; la premiere, sur ce qu'ils disent, que par ledit contract de transaction on ne leur a pas remplacé tous les propres de ladite Vadot, ainsi qu'on y estoit obligé par la quatriéme clause dudit contract de mariage.

La seconde, sur ce qu'ils disent que ledit Sieur President Giroud a diuerty les effets de la communauté constant son mariage auec ladite Vadot, au payement du mariage de ses enfans du premier lict, & des debtes qui luy estoient propres, & à sa seule charge, contre la huitiéme clause dudit contract de mariage; & en ces deux poincts seuls consiste toute la difficulté du procez.

Ces deux poincts sont circonstantiez : mais deuant que d'y defendre, il est à propos d'obseruer à la Cour, que quand il seroit vray (comme non) que tous les propres de ladite Vadot n'auroient pas esté remplacez, & que ledit Sieur President Giroud auroit deub tenir compte ausdits heritiers de ce qu'il a donné à ses enfans d'vn premier lit, ce ne seroit pas vne lezion qui deust faire rescinder ledit contract ; mais lesdits heritiers en deuroient demander le restablissement & le partage en execution du mesme contract, par lequel il est conuenu en termes exprés, *Que s'il y a quelque chose d'obmis, ou à partager, les parties s'en feront raison.* Ce qui est conforme à la disposition du Droict, en la Loy *si de re certa C. de transact.*

Au surplus, pour iustifier tout d'vn coup que tous les remplois des biens alienez de ladite Vadot constant le mariage, ont esté tous faits par ledit contract du seiziéme Aoust 1639. il faut faire estat de tous les biens que ladite Vadot a apporté dans ladite societé, & faire voir au doigt & à l'œil que tous lesdits biens se sont treuuez dans sa succession, à la reserue de ce qu'elle en auoit donné à ses parens par constitutions de mariage, ou autrement, De ce que lesdits heritiers en ont receu & dissipé de son viuant, & qu'elle leur a quitté par son Testament, De ce qu'elle en a employé au payement des debtes de son pere, des legats qu'il auoit fait par son Testament, & de ses frais funeraux, & enfin à la reserue de vingt-huit mil cent trente-deux liures de principaux de rente, qui ont esté alienez pendant ladite societé, & remplacez ausdits heritiers par ladite transaction.

Tous les biens de ladite Vadot sont compris en deux inuentaires qu'elle fit quand elle se maria auec ledit Sieur President Giroud, l'vn de la somme de *quatre mil neuf cens soixante-treize liures*, l'autre de *trente-cinq mil deux cens trente liures*, En la somme de *six mil liures* que luy constitua son pere En mariage, *trente-cinq mil liures* qu'elle receut d'Abigaye Mathieu par transaction du huitiéme May 1620. En *trente-six mil huit cens quatre-vingts dix-sept liures* de principaux de rente ou obligations qu'elle recueillit de la succession de son pere, ainsi qu'il resulte du partage des biens de la communauté d'iceluy auec ladite Mathieu, fait entre lesdites Dame Vadot & Damoiselle Mathieu, mis en suite de ladite transaction du 8. May 1620. En *deux mil cent cinquante-vne liures*, faisant portion de deux mil cinq cens cinquante-vne liures, que luy remit ladite Mathieu par ledit partage pour sa part des rentes amorties, que ladite Mathieu auoit receuës, les quatre cens liures pour parfaire lesdits deux mil cinq cens cinquante-vne liures ayant esté renduës par ladite Vadot à ladite Mathieu, ainsi qu'il resulte dudit partage, à cause que la Terre de Montot, écheuë en partage à ladite Vadot, valoit plus que la Terre de Varennes écheuë au partage de ladite Mathieu.

Les biens de ladite Vadot consistoient encor en *quatre mil quatre cens quarante liures*, moitié de huit mil huit cens quatre-vingts liures, pour quatre principaux de rente, qui resterent indiuises entre ladite Mathieu & ladite Vadot par ledit partage, dont les grosses demeurerent entre les mains de ladite Mathieu, à la charge d'en tenir compte, & en la somme de *mil quatre cens deux liures vnze sols*, que ladite Mathieu paya par ledit partage à ladite Vadot, pour égaler les preleuations qu'elle deuoit faire sur la communauté d'entr'elle & ledit Vadot, auec les preleuations que deuoit faire ladite Vadot sur ladite communauté.

Lesdits heritiers Vadot pretendent encor qu'il y faut adjouster cent trente liures qu'elle receut de ladite Mathieu pour soulte de partage. Ce qui n'est pas iuste, parce que par le mesme partage il se void que ladite Vadot a rendu en plusieurs petites parties plus que ladite somme de cent trente liures à ladite Mathieu; neantmoins on veut bien encor leur accorder.

Lesdits heritiers Vadot pretendent encore qu'elle auoit en ses biens vne partie de 1200. liu. receuë par ledit Sr Giroud au Decret de Gergy: Mais il resulte dudit Decret qu'il estoit deub vn principal de rente de 2000. liu. non à ladite Vadot seulement, mais à ladite Vadot, & aux heritiers Lubert conjointement. Il resulte du mesme Decret produit par lesdits heritiers sous cotte G, en date du   1617. que lesdits heritiers du Sieur Lubert & ladite Vadot furent vtilement colloquez pour ledit principal de douze cens liures, & pour douze cens liures d'arrerages écheus; c'est à dire, que ladite Vadot fust colloquée pour six cens liures qui luy appartenoient dans ledit principal, & pour six cens liures qui luy appartenoient dans lesdits arrerages. Et c'est la somme de douze cens liures que receut ledit Sieur President Giroud, mais dans lesdits arrerages y sont compris trois cens cinquante liures qui en estoient écheus depuis l'année 1611. que lesdits Sieurs President Giroud & ladite Vadot furent mariez, iusques en l'année 1617. iour dudit Decret, parce que la rente estoit au denier douze. Or ces trois cens cinquante liures ne peuuent pas estre des biens propres de ladite Vadot, mais biens de la societé, & par consequent de cette somme de douze cens liures il n'en faut faire estat que *huit cens cinquante liures* qu'on accorde auoir esté dans les biens de ladite Vadot.

Lesdits heritiers Vadot pretendent encor qu'il faut adjouster à ses biens vn article de quatre mil cinq cens cinquante liures que ladite Vadot pretendoit encore contre ladite Mathieu, & qui fut mis en incident par ladite transaction du 8. May 1620. Mais c'est vne action de son heredité contre ladite Mathieu, laquelle ses heritiers ont peu & peuuent poursuiure, & il n'en faut pas faire estat dans ses biens.

Ils pretendent encor qu'il y faut adjouster vne partie de vingt-trois mil sept cens foixante liures douze fols pour les preleuemens qu'elle deuoit faire fur les biens de la communauté d'entre fon pere & ladite Mathieu ; mais cette pretention eft vn dol, & lefdits vingt-trois mil fept cens foixante liures douze fols, font comprifes & contenuës dans la fomme de trente fix mil huit cens quatre-vingts dix-fept liures qu'elle recueillit de la fucceffion de fon pere, dont on a fait eftat cy-deuant, ainfi qu'il refulte du mefme partage, par lequel il fe void que ladite Vadot ayant droict de preleuer fur les biens communs de fon pere & de ladite Mathieu ladite fomme de vingt-trois mil fept cens foixante liures douze fols, & ladite Mathieu ayant auffi droict de preleuer fur la mefme communauté vingt mil neuf cens cinquante-fix liures pour fes propres, il fut accordé entr'elles qu'elles feroient compenfation de leurs preleuations, & pour les égaler ladite Mathieu paya à ladite Vadot les mil quatre cens deux liures douze fols, moitié de deux mil huit cens cinq liures, dont les preleuations de ladite Vadot excedoient celles de ladite Mathieu, & dont on a fait eftat cy-deuant, moyennant quoy, fans faire preleuation ny de part ny d'autre, elles partagerent également les biens de ladite communauté, & chacune en eut à fa part trente-fix mil huit cens liures de principaux de rentes dont on a fait eftat cy-deuant dans les biens de ladite Vadot, & par confequent lefdits vingt-trois mil fept cens foixante liures douze fols y font comprifes, & fi on en faifoit encor eftat icy, ce feroit en faire eftat deux fois.

Lefdits heritiers Vadot ne pretendent pas, & ne peuuent pretendre qu'elle eût d'autres biens, de confequent tous les biens de ladite Vadot, fans y comprendre les fonds, reuenoient à la fomme de *cent vingt-fix mil cinq cens vingt-fept liures vnze fols.*

De cette fomme il en faudroit diftraire trente-deux mil liures qu'elle receut de ladite Mathieu, & qu'elle employa à l'aquit des debtes, legats & frais funeraux de fon pere, ainfi qu'il refulte du memoire & eftat qu'en a fait ladite Vadot, écrit & figné de fa main, reconnu par lefdits heritiers dans la tranfaction du 16. Aouft 1639. inferée cy-aprés *num. 5.* & produit par copie par fes heritiers fous cotte G.

Et bien que dans ce memoire il foit porté qu'il en fut employé dix mil liures en vne conftitution de rente au principal de treize mil liures, conftituée au profit de la focieté defdits Sieur Prefident Giroud & Vadot par le Sieur Marlou, lors que ledit Sieur Marlou acquitta ladite rente ladite Vadot, retira lefdits dix mil liures du confentement dudit Sieur Giroud pour en difpofer à fa volonté, comme propres de la fucceffion de fon pere, & moyennant cela elle en déchargea ledit Sieur Giroud, comme il refulte des quittances de ladite rente produites par lefdits heritiers Vadot fous la cotte G.

Ce qui donneroit vn grand fujet au Sieur Boihier de fouftenir qu'il faudroit encor diftraire des biens de la Vadot lefdits dix mil liures, puifque ledit Sieur Giroud en fut déchargé. Mais il ne veut pas combatre la mauuaife foy defdits heritiers Vadot par vne pareille, & parce qu'il eftime que ladite Vadot les a depuis employées aux rentes qui ont efté conftituées à fon profit conftant la communauté, il confent au lieu defdits trente-deux mil liures, dont il pouuoit dire qu'il faut faire diftraction, qu'il n'en foit diftrait que les vingt-deux mil liures employées aux legats & frais funeraux, à la charge de l'heredité du Sr Vadot fon pere, comme appert de l'eftat de l'employ figné par ladite Vadot, ce qui eft bien iufte, *non cenfentur enim bona nifi deducto ære alieno.* Il en faut encor diftraire vne fomme de *fix mil liures* : car ladite Mathieu ne paya pas entierement à ladite Vadot les trente-cinq mil liures dont on a fait eftat dans fes biens : mais il s'en faloit ladite fomme de fix mil mil liures, pour laquelle elle luy conftitua vne rente remife aufdits heritiers Vadot, lefquels depuis l'ont tranfportée audit Sieur Giroud par contract du 7. Iuillet 1639. produit au procez fous cotte E, n'eftant pas raifonnable de leur remplacer vne fomme qu'ils ont receuë. Il en faut encore diftraire les *quatre mil quatre cens quarante liures* pour fa part des quatre rentes au principal de huit mil huit cens quatre-vingts liures de la fucceffion de fon pere, qui refterent indiuifes par le partage defdites Vadot & Mathieu, parce qu'elles eftoient en eftat lors de fa mort entre les mains de ladite Mathieu, de laquelle lefdits heritiers l'ont repetée, ou peu repeter, comme vn effet de la fucceffion de

6000. l. ladite Vadot. Il en faut auſſi diſtraire *ſix mil liures* qu'elle eſtoit obligée d'ameu-
blir par ſon contract de mariage auec ledit Sieur Preſident Giroud. Il en faut en-
6000. l. core diſtraire *ſix mil liures*, qu'elle conſtitua en dot de mariage au Sieur Brunet,
700. l. ainſi qu'il reſulte de la tranſaction du 16. Aouſt 1639. *num.* 8. Il en faut encore
360. l. diſtraire *ſept cens liures*, qu'elle donna en mariage à Vincent Plaſſard. Plus *trois*
300. l. *cens ſoixante liures* qu'elle luy donna d'ailleurs. Plus *trois cens liures* qu'elle donna
à Barat Sergent, ainſi qu'il reſulte de ladite tranſaction de 1639. dont copie eſt
600. l. cy aprés, *num.* 9 Il en faut encore diſtraire *ſix cens liures* qu'elle preſta à Ioly, qui
1000. l. furent perduës. Il en faut encore diſtraire *mil liures* qu'elle deuoit aux Peres Ie-
425. l. ſuites, & qu'elle leur paya de ſes propres. Il en faut encore diſtraire *quatre cens*
vingt-cinq liures pour moitié des huit cens cinquante liures, dont on a fait cy-
deuant eſtat dans ſes biens prouenans des douze cens liures que ledit Sieur Giroud receut au Decret de Gergy, dautant que cette partie de douze cens liures
fut employée à l'acquittement du principal de la rente de la meſme ſomme de
douze cens liures conſtituée par leſdits Sieur Giroud & Vadot au profit de Venot, & tranſportée au Sieur Boihier : De laquelle rente ladite Vadot deuoit la moitié, & le Sieur Giroud l'autre ; ſi bien qu'au rembourſement d'icelle y eſtant entré les huit cens cinquante liures de propres que ladite Vadot auoit en ladite
1200. l. partie de *douze cens liures*, il faut diſtraire cette moitié deſdits huit cens cinquante
liures, comme employées à l'acquit de ce qu'elle deuoit.

Diſtractions
47825. l. Toutes leſdites diſtractions à faire reuenans à la ſomme de *quarante-ſept mil huit*
Toutes les *cens vingt-cinq liures*, deduites ſur les *cent vingt-ſix mil cinq cens-vingt ſept liures*
Rentes pro- *vnze ſols*, à quoy on a fait eſtat que reuenoient les biens de ladite Vadot, il eſt con-
prés à ladite ſtant qu'elle n'a eu de rentes de propres en ladite ſocieté que pour *ſoixante &*
Vadot. *dix-neuf mil deux cens vingt-ſept liures vnze ſols.*
79248. l.
11. ſ. Or leſdits heritiers de ladite Vadot demeurent d'accord en leur inuentaire de
Rentes de leur derniere production art. 8. que dans l'inuentaire des biens de ladite Vadot
ladite Vadot fait aprés ſon decez, il s'y eſt trouué tant de ſes rentes anciennes que d'autres pro-
trouuées en uenantes de la ſucceſſion de ſon pere, ou de celle conſtituée à ſon profit ſeul con-
eſtat aprés ſtant ledit mariage, pour remplacer partie de celles dont elle fut rembourſée pour
ſon decez. *ſoixante-huit mil deux cens cinquante-deux liures dix ſols* : par conſequent il ne luy
68252. l. en faloit remplacer que la ſomme de dix mil neuf cens quatre vingts ſeize liures
28332. l. vn ſol, & neantmoins par ladite tranſaction *num.* 4. il reſulte qu'on leur en a remplacé pour *vingt-huit mil trois trente-deux liures* ; en quoy il y a eu de l'erreur de
calcul de dix-huit mil trois cens trente-cinq liures dix neuf ſols à la pure perte
dudit Sieur Giroud, & l'erreur de calcul doit eſtre purgé au profit de ſon heritier ; mais l'erreur ſe trouueroit bien plus grand ſi ledit Sieur Boihier auoit con-
noiſſance des propres de ladite Vadot, rembourſez à quelques-vns deſdits heritiers du viuant de ladite Vadot, & qu'ils ont diſſipez : car encore que ledit Sieur
Boihier ne puiſſe pas iuſtifier de la valeur d'iceux, il iuſtifie neantmoins par le teſtament de ladite Vadot que leſdits heritiers auoient eſté rembourſez d'vne partie des propres de ladite Vadot, & les auoient diſſipez, & qu'elle leur quitte &
donne.

Cette ſupputation & cette verité vne fois connuë, ſeruira de réponſe vniuer-
ſellement à tous les articles particuliers de la chicane deſdits heritiers Vadot, dans
leſquels ils pretendent que le S.t Preſident Giroud a mis à ſon profit quelques-vns
des propres de ladite Vadot, eſtant impoſſible que cela ſoit, puiſque tous les biens
de ladite Vadot ſe ſont trouuez en eſtat aprés ſa mort, & tout ce qui s'en manquoit
a eſté remplacé par ladite tranſaction & au delà, & de conſequent elle confond
les ſuppoſitions de ſes heritiers és articles 10. 11. 12. 13. 14. 15. 16. 17. 18. 39. 40.
48. 49 50. 75. 76. 77. 78. 79. 80. 81. 82. 83. 85. 86. 87. 112. 113. 114. 120. 121. &
122. de leur nouuelle production, dans tous leſquels ils veulent perſuader que
ledit Sieur Giroud auoit mis à ſon profit des propres de ladite Vadot.

Leſion pre- L'autre chef de leſion conſiſte, en ce que les heritiers de ladite Vadot preten-
tenduë con- dent que ledit Sieur Preſident Giroud a diuerty à ſon profit ſeul & ſingulier les
tenant les di- effets de ſa ſocieté auec ladite Vadot. Ce chef ſe ſubdiuiſe en beaucoup d'au-
uertiſſemēs de tres.
biens de la ſo-
cieté.

Premierement, ils pretendent qu'il a employé à l'acquit de deux mil quatre cens liures de principal, & cent cinquante liures d'arrerages qu'il deuoit en son particulier aux Chanoines de la Sainte Chapelle de Dijon, en deniers de ladite so-cieté, dont il ne luy en a pas tenu compte. *Contre le diuertissement pretendu de 2400. liu. & 150. liu.*

Mais par ladite transaction de 1639. *num.* 7. il resulte qu'il luy a tenu compte de deux mil sept cens liures de deniers de ladite societé, qu'il auoit employez à ses debtes propres, dans laquelle somme necessairement sont comprises celles de deux mil quatre cens liures, & de cent cinquante liures d'arrerages cy-dessus, qui ne reuiennent qu'à deux mil cinq cens cinquante liures, puisque lesdits heritiers Vadot ne iustifient pas qu'il ait employé aucuns autres deniers à l'acquit de ses debtes que lesdits deux mil sept cens liures.

Secundò, Les mesmes heritiers Vadot, plûtost pour faire vn libelle diffamatoire contre la memoire dudit Sieur President Giroud que pour autre interest qu'ils y ayent, disent que ledit Sieur President Giroud differa de faire l'inuentaire de ses biens dix à vnze mois aprés son mariage auec ladite Vadot, quoy qu'il fût con-uenu entr'eux que chacun feroit inuentaire de ses biens incontinent aprés le ma-riage, à dessein d'enfler, disent-ils, son inuentaire de deux mil cinq cens quarante huit liures qui s'y trouuerent en deniers, lesquels probablement prouenoient des deniers de la societé, & pour prendre encor l'assistance de Barbe Ferret sa mere pour grossir sondit inuentaire de biens qui ne luy appartenoient pas, specialement de sept constitutions de rente, constituées au profit du Sieur de la Mare, second mary de ladite Ferret, comprises en l'vn desdits inuentaires des biens dudit Sieur President Giroud, sans que ledit Sieur President Giroud en eût aucun transport dudit Sieur de la Mare. *Calomnie sur le retardemét d'inuentaire des biens du Sieur Giroud.*

Mais cette calomnie se destruit par le mesme inuentaire produit par lesdits he-ritiers sous cotte G, dans lequel sont énoncez non seulement les transports des-dites rentes faits audit Sieur President Giroud és années 1593. 1600. & 1610. toutes anterieures de date audit contract de mariage, mais encore outre la date desdits transports, le nom des Notaires qui les ont receus, & mesme la cause d'iceux.

Elle se destruit encor par ce qui resulte dudit inuentaire, que la cause pourquoy il fut differé d'y proceder, ne fut autre que la maladie de ladite Vadot, dont la presence estoit necessaire ausdits inuentaires qui se deuoient faire à Dijon, lieu du domicile dudit Sieur President Giroud, & où elle ne pût pas se transporter plûtost de Chaalon, à cause de ladite maladie.

Enfin elle se destruit, parce que ladite Vadot a reconnu, approuué & signé les-dits inuentaires faits en sa presence, & par ce moyen elle a conuaincu la supposi-tion de ses heritiers, qui quarante ans aprés cette reconnoissance, veulent per-suader qu'elle n'est pas veritable.

Tertiò, Lesdits heritiers se plaignent encor, qu'aprés la mort de ladite Vadot ledit Sieur President Giroud ne fit point faire de seellé. *Contre le defaut de seellé pretendu.*

On n'en demeure pas d'accord, mais supposé qu'il n'y en eust point, ils n'en peuuent pas pourtant imputer aucune mauuaise foy audit Sieur President Gi-roud; ce n'estoit pas à sa charge, mais à celle du Procureur du Roy & des heri-tiers de ladite Vadot, presens à sa maladie, & assistans à sa mort, & sa bonne foy paroist si fort, que ledit Sieur President Giroud fit publier son testament le 14. May 1639. le lendemain de son decez.

Quartò, Ledit Sieur President Giroud receut au Decret de Gergy douze cens liures, dans lesquelles il y auoit seulement huit cens cinquante liures des propres de ladite Vadot employez à l'acquittement de la rente de Venot deuë par leur communauté, comme l'on a fait voir cy-deuant, iustifiant qu'elles ont esté rem-placées, on supplie la Cour d'y auoir recours. *Decret de Gergy.*

Quintò, Lesdits heritiers Vadot se plaignent que ledit Sieur President Giroud a receu de Clerguet, l'vn desdits heritiers, sept cens douze liures prouenans d'vn debet de compte dudit Clerguet de l'année 1613. de certains arrerages deuës à ladite Vadot, & aux heritiers Lhubert, dans laquelle somme par consequent elle auoit trois cens cinquante-six liures de propres. *Compte de Clerguet.*

Mais par le mesme compte produit sous cotte G, par lesdits heritiers, il resulte que ledit debet a deu eſtre reduit à deux cens ſept liures, à cauſe que leſdits deux premiers articles de la dépenſe dudit compte, reuenans à cinq cens quatre liures huit ſols, qui auoient eſté rayez premierement, furent depuis reſtablis, au moyen de quoy ledit debet a deu diminuer de la meſme ſomme de cinq cens quatre liures huit ſols ; de laquelle ſomme de deux cens ſept liures la moitié appartenoit aux heritiers dudit Lhubert, & l'autre moitié, qui eſtoit cent trois liures dix ſols appartenoit à la ſocieté deſdits Sieur Preſident Giroud & Vadot, comme prouenant de l'écheance deſdits arrerages pendant les années 1611. 12. & 13. c'eſt à dire conſtant ladite ſocieté.

Compte entre Meſſires Benoiſt & Iacques Giroud.

Sexto, Leſdits heritiers ſe plaignent de ce que ledit Sieur Preſident Giroud paya à ſon frere quatre-vingts dix-neuf liures qu'il luy deuoit en ſon particulier par arreſté de compte du 5. Nouembre 1613.

Mais c'eſt vne ſuppoſition ſur vne piece informe, & vne copie pretenduë collationnée de ce pretendu compte repreſenté par ladite Vadot ; d'ailleurs de ce pretendu compte il ne reſulte autre choſe, ſinon qu'il eſt dit, *Il s'eſt trouué que ie dois à mon frere la ſomme de deux cens ſoixante-trois écus vingt ſols,* ſans ſpecifier lequel des deux freres deuoit à l'autre, & partant on ne peut pas conclure de là que ce fût Benoiſt qui deût à Iacques.

Dot des filles.

Septimò, Leſdits heritiers Vadot pretendent encor qu'il a diuerty au payement du dot deſdites Damoiſelles Magdelaine & Barbe Giroud ſes filles des effets de ladite communauté, & pour le preuuer diſent que ledit Sieur Preſident Giroud n'auoit apporté dans ladite ſocieté des principaux de rente & obligations que pour vingt mil trois cens liures, & de meubles pour cinq mil huit cens liures, & que neantmoins en 1615. il conſtitua dot à ladite Damoiſelle Magdelaine ſa fille de ſoixante quinze mil liures : Ce qu'il ne peut auoir fait qu'il n'ait pillé dans leur ſocieté pour la payer, & qu'encore il a employé audit payement des rentes de ſon inuentaire pour huit mil cinq cens quatre-vingts neuf liures quatorze ſols des arrerages deſquelles il eſtoit comptable à ſa ſocieté.

Office de Conſeiller.

Octauo, Ils ſe plaignent encor de ce que ledit Sⁱ Preſident Giroud achepta à ſon fils en 1617. vn Office de Conſeiller de cinquante-quatre mil liures, & cent piſtoles pour vne chaiſne ; laquelle ſomme ils diſent auoir eſté priſe dans les biens de la ſocieté, à la reſerue de dix mil liures de principaux de rente des propres dudit Sieur Preſident Giroud par luy cedées en payement dudit Office, & de ſix mil liures qu'en paya ladite Feret.

Mais il n'y a rien de ſi contraire à la verité, ainſi que la Cour le remarquera, s'il luy plaiſt d'obſeruer, que par la conſtitution de mariage de Damoiſelle Magdelaine Giroud ſa fille il eſt porté que deſdits ſoixante-quinze mil liures les trente-cinq mil liures ne ſe payeroient qu'aprés la mort dudit Sieur Preſident Giroud. Cette mort eſt arriuée douze années aprés la diſſolution de ladite ſocieté, & par conſequent on ne peut pas dire que leſdits trente-cinq mil liures ayent eſté payez des biens de ladite ſocieté pour les quarante mil liures reſtans, il eſt conſtant que ledit Sieur Preſident Giroud n'en paya que dix-huit mil ſix cens quatorze liures ; le tout en conſtitutions de rentes de ſes propres, tant compriſes dans l'inuentaire qu'il en fit aprés ſon mariage auec ladite Vadot que ceux qui luy eſtoient écheus par la ſucceſſion de Iacques Giroud ſon frere en 1614. toutes anterieures de date au contract de mariage & ſocieté d'entre luy & ladite Vadot.

Cette verité en outre eſt reconnuë & confeſſée par leſdits heritiers Vadot en leur derniere production article 22. d'où il s'enſuit que ledit payement n'eſt pas des biens de ladite ſocieté.

Le ſurplus du payement de ladite dot fut fait par vne liberalité de ladite Dame Feret, ayeule de ladite Magdelaine Giroud en faueur de ſa petite-fille ; le tout encore en rentes conſtituées au profit de ladite Dame Ferret auparauant ledit mariage dudit Sieur Preſident Giroud auec ladite Vadot, & par ce moyen il n'eſtoit entré des biens de ladite ſocieté deſdits Sieur Preſident Giroud auec ladite Vadot au payement de ladite conſtitution de dot que les arrerages des rentes compriſes en l'inuentaire qu'il fit de ſes biens aprés ſon mariage, écheus au profit de la ſocieté depuis ladite année 1611. iuſques en l'année 1615. qu'il les donna en payement

ment de partie de ladite dot ; mais auſſi ledit Sieur Giroud a tenu compte auſ-
dits heritiers Vadot dans ladite tranſaction, *num. 8.* de trois mil trois cens vingt-
trois liures pour leſdits arrerages écheus, ainſi leſdits heritiers Vadot n'ont point
de ſujet de ſe plaindre.

Ils adjouſtent, que ſi leſdits principaux de rente eſtoient reſtez dans la ſocieté,
ils auroient profité des arrerages d'iceux, & cela eſt vray : Mais il n'eſtoit pas
obligé de les y laiſſer ; au contraire il eſtoit conuenu par ſon contract de mariage
qu'il pourroit doter ſes enfans de ſes propres, & c'eſt vne des conditions de ladite ſocieté, conforme à la diſpoſition du Droit, qui veut *que les filles ſoient dotées*
du bien de leur pere.

Par le contract de mariage de Barbe Giroud, ſeconde fille dudit Sieur Preſident
Giroud, qui fut en 1623. il luy conſtitua auſſi ſoixante quinze mil liures, dont
trente mil liures eſtoient payables aprés ſa mort, du reſte il n'en paya que cinq
mil huit cens liures auſſi en principaux de rentes de ſeſdits propres, & le ſurplus
reuenant à trente-neuf mil deux cens liures, fut auſſi vne liberalité de ladite Dame Ferret enuers ſa petite fille, payée de meſme en conſtitutions de rentes anterieures de date à ladite ſocieté, de conſequent ce dot ne fut pas encor acquité
des deniers de ladite ſocieté.

Pour l'achapt dudit Office, il reſulte que ledit Sieur Giroud paya en principaux de rentes de ſes propres la ſomme de dix mil liures, & il emprunta le reſte,
ſçauoir quatorze mil liures, qu'on adouë qu'il prit dans ſa ſocieté, & le ſurplus
de ladite Dame Ferret ſa mere, à laquelle il s'obligea par trois conſtitutions de
rente des 14. Septembre, & 11. Nouembre 1627. & 7. May 1628 & enfin en ſix mil
liures qu'elle luy donna le 6. Nouembre de ladite année 1628. pour parfaire le
payement dudit Office, ainſi qu'il reſulte deſdits contracts de vente d'Office produit par leſdits heritiers Vadot, & deſdites conſtitutions de rentes produites par
ledit Sieur Boihier en ſa derniere production. En quoy ladite ſocieté n'eut point
d'intereſt que pour quatorze mil liures, parce que par la troiſiéme des clauſes du
contract dudit mariage, ladite ſocieté n'eſtoit pas obligée aux debtes que contra-
ctoit ledit Sieur Preſident Giroud, ains luy ſeul.

Et pour leſdits quatorze mil liures ladite ſocieté en a eſté plus que dédom-
magée par la raiſon de ce qu'en 1634. ledit Sieur Preſident Giroud mariant ſon
fils il luy donna ſon Office de Preſident, à la charge que ledit Sieur ſon fils luy
remiſt ledit Office de Conſeiller, qui fut vendu en la meſme année au Sieur de la
Bouthiere pour le prix de ſoixante-ſept mil liures, leſquels rentrerent dans ladite
ſocieté, & par ce moyen elle fut non ſeulement rembourſée des quatorze mil liures
qu'elle auoit emprunté dudit Sieur Preſident Giroud pour l'achapt dudit Office,
mais elle en profita de treize mil liures que ledit Sr Giroud gagna ſur la reuente
dudit Office ; & ce fut la raiſon pour laquelle leſdits heritiers par ladite tranſaction du 16. Aouſt 1639. *num. 24.* déchargerent ledit Sieur Preſident Giroud de
ce qu'il auoit pris dans ladite ſocieté pour l'achapt dudit Office, à cauſe, dit ledit
num. 24. que ledit Office auoit eſté achepté & reuendu pendant ladite communauté. Ainſi ledit Sieur Preſident Giroud a bien peû payer dix-huit mil ſix cens
quatorze liures en l'année 1615. pour la dot de ſa fille aiſnée, & cinq mil huit cens
liures en 1623. pour celle de ſa ſeconde, & dix mil liures en 1627. pour partie du
prix dudit Office de Conſeiller, puis qu'il eſt conſtant qu'il apporta de rentes &
obligations en la ſocieté par ſes deux inuentaires *vingt-ſix mil cent liures,* qu'il luy
en eſt écheu en 1614. de la ſucceſſion de Iacques Giroud ſon frere pour *neuf mil*
ſix cens liures, ſans y comprendre des immeubles de plus de vingt-cinq mil liures, &
en 1616. de la ſucceſſion de ſa ſœur Marguerite pour *neuf mil huit cens ſoixante-*
quinze liures, & de vaiſſelle d'argent pour ſix mil liures, ſans y comprendre auſſi des
fonds de plus de *trente mil liures,* le tout reuenant à *cinquante-cinq mil cinq cens*
ſoixante quinze liures, qui ont bien peû fournir leſdits payemens qui reuiennent
ſeulement à trente-quatre mil quatre cens liures. Ce qui deſtruit abſolument la
ſuppoſition deſdits heritiers Vadot.

Mais puiſque par vne autre ſuppoſition inſigne ils veulent perſuader que ledit
Sieur Preſident Giroud s'eſt fait remplacer en ladite tranſaction les rentes par

luy employées au payement de la dot de ſes filles, à cauſe qu'on luy remplaſſa pour ſes propres alienez trente-deux mil liures. Pour les conuaincre plus claire-ment, il eſt neceſſaire d'obſeruer à la Cour que ledit Sieur Preſident Giroud en 1620. fut legataire d'Aymée Vadot pour trois mil liures, ſucceda encore à Barbe Ferret ſa mere en l'année 1633. De laquelle ſucceſſion il luy réuint plus de quatre cens mil liures de biens : mais entr'autres choſes, diuers principaux de rentes que leſdits heritiers de ladite Vadot aduoüent reuenir à ſoixante-trois mil liures, quoy qu'ils reuiennent à ſoixante-ſept mil liures, comme il ſe peut voir par l'inuen-taire des biens de ladite Ferret fait aprés ſa mort, produit par leſdits heritiers en leur principale production ſous la cotte G.

Dans ces principaux de rentes il y en auoit pour quarante mil liures, dont le-dit Sieur Preſident Giroud eſtoit debiteur à ſa mere, & qu'elle luy auoit preſté pour payer l'Office de Conſeiller de ſon fils, ainſi reduiſant ladite ſomme de ſoi-xante-ſept mil liures de principaux de rente à celle de *vingt-ſept mil liures*, & les ioignant auec les cinquante-quatre mil cent ſoixante-quinze liures de principaux qu'il auoit tant de ſes inuentaires de l'année 1612. que par les ſucceſſions de ſes frere & ſœur & legat dudit Vadot, il eſt conſtant qu'il auoit apporté dans la ſo-cieté *quatre-vingts vn mil cens ſoixante-quinze liures* de principaux de rente.

Toutes leſquelles rentes ont eſté alienées pendant ladite ſocieté, ſans qu'il s'en ſoit trouué vne ſeule en eſtat par l'inuentaire des biens d'icelle fait aprés la mort de ladite Vadot. Ce que ledit Sieur Preſident Giroud en auoit alien é au payement des dots de ſes deux filles, reuient à la ſomme de vingt-quatre mil quatre cens quatorze liures ; de laquelle il eſt vray que ledit Sieur Giroud n'a pas peû preten-dre aucun remplacement, non plus que de ſix mil liures, dont il deuoit ameublir par ſon contract de mariage ; mais auſſi on luy deuoit remplacer tout le ſurplus de ſes propres alienez, & partant faiſant diſtraction de trente mil quatre cens quatorze liures pour leſd. deux parties de vingt-quatre mil quatre cens quatorze liures qu'il paya pour la dot de ſes filles, & pour les ſix mil liures qu'il deuoit ameu-blir ſur celle deſdits quatre-vingts vn mil cent ſoixante-quinze liures de ſes pro-pres alienez, il en reſtoit encor pour cinquante mil ſept cens ſoixante-vne liure qu'on deuoit remplacer audit Sieur Preſident Giroud, au lieu qu'on ne luy en a

remplacé que trente-deux mil cinq cens vingt-quatre liures. Ainſi non ſeulement il ne s'eſt pas fait remplacer ce qu'il auoit payé pour la dot de ſes deux filles; mais il y a eu erreur de calcul à ſa perte de dix-huit mil deux cens trente-ſept liures.

Et pour ne laiſſer aucun doute, il faut obſeruer à la Cour que les dix mil liures de ſes propres alienez au payement dudit Office de Conſeiller ont deu eſtre rem-placez, parce que par l'éuenement ledit Office eſt deuenu vn acqueſt de la ſocieté, qui le reuendit auec profit de treize mil liures au Sieur de la Boutiere, comme on l'a veu cy-deuant.

Leſdits heritiers, pour ſe deméler de cette verité, ont obſerué à la Cour, que pendant les années 1617. 18. 19. & 20. ladite Dame Ferret auoit rachepté vne par-tie des rentes par elle données à Magdelaine Giroud, ſa petite-fille (ce qui eſt vray) & de là veulent qu'on concluë que l'argent qu'elle employa au rachapt deſ-dites rentes, fut de l'argent de la ſocieté que ledit Sieur Preſident Giroud ſon fils luy donnoit ſous-main, pour tromper ſa ſocieté, ſans autre preuue, ſinon qu'ils diſent, *Que ladite Ferret eſtoit pauure, & n'auoit pas moyen autrement de rachepter leſdites rentes.*

Mais cette ſuppoſition eſt ridicule, puis qu'il conſte par les contracts de rachapts deſd. rentes, qu'ils furent faits des deniers de lad. Ferret, *pecunia præſumitur ſoluentis.* Et quand ledit Sieur Boihier ne voudroit pas faire voir où ladite Ferret auoit pris l'argent pour faire leſdits rachapts, il n'y ſeroit pas obligé, *l. ſi defunctus C. arb. tut.* laquelle en rend cette raiſon, que *pauperibus augmentum patrimonij quod multis laboribus quæritur non eſt interdiendum.* Neantmoins pour conuaincre leſdits heritiers de men-ſonge, la Cour verra, s'il luy plaiſt, par le partage qu'elle fit en 1613. auec le Sieur de la Mare ſon mary, qu'elle auoit en ladite année 1613. plus de cent quarante mil deux cens neuf liures de bien, comme il reſulte du dénombrement qu'en a fait ledit Sieur Boihier en ſes contredits ſur la derniere production deſdits heritiers de ladite Vadot, aufquelles cent quarante mil deux cens neuf liures ioignant fon heritage de Saulniere, de valeur de treize mil liures, & celuy de Charney en valeur de vingt mil liures, elle auoit cent foixante-treize mil deux cens neuf liures de biens en ladite année 1613. qui produifoient huit mil cinq cens foixante liures de rente, à raifon du denier vingt; lefquels reuiennent pour deux années écheuës en 1615. à dix-fept mil cent vingt liures, & iointes au principal compofent la fomme de cent quatre-vingts dix mil trois cens vingt-neuf liures.

Elle verra encor par le partage des biens de la fucceffion de Iacques Giroud fon fils, produit par lefdits heritiers Vadot fous ladite cotte G, qu'il luy écheut en 1614. douze mil trois foixante dix-fept liures de principaux de rente, & de fonds pour plus de vingt-cinq mil liures, aufquelles adjouftant dix-huit cens foixante-cinq liures d'arrerages de ladite fucceffion, écheus en 1615. ladite fucceffion en ladite année 1615. luy fut vtile de trente-neuf mil deux cens quarante-deux liures, ioignant laquelle aux cent quatre-vingts dix mil deux cens vingt-neuf liures de fon patrimoine, elle compofoit en 1615. la fomme de deux cens vingt-neuf mil cinq cens foixante vnze liures de confequent en ladite année 1615. elle auoit bien de quoy donner à ladite Magdelaine Giroud, fa petite fille, en payement de fa dot la fomme de vingt-vn mil trois cens quatre-vingts fix liures, mefme aprés cela il luy reftoit de biens pour deux cens huit mil quatre-vingts cinq liures, qui produifoient dix mil quatre cens liures de rente, à compter feulement les interefts de fon bien au denier vingt : lefquelles pour huit années écheuës en 1623. reuenoient à quatre-vingts trois mil deux cens liures, fur lefquelles elle a bien encore peû prendre trente-neuf mil deux cens liures qu'elle donna à Barbe Giroud, feconde fille dudit Sieur Prefident Giroud pour partie de fa dot en ladite année 1623.

Biens de Barbe
Ferret en 1615.
229511. liu.

Mais outre cela, en 1616. il luy écheut pour fa part & portion de la fucceffion de Marguerite Giroud fa fille en principaux de rente pour neuf mil huit cens foixante quinze liures, en vaiffelle d'argent fix mil liures, & en fonds pour plus de trente-mil liures. Ce qui augmenta encore fes biens de quarante-cinq mil huit cens foixante-quinze liures, qui produifoient deux mil deux cens quatre-vingts dix liures de rente, & pour fept années écheuës en 1623. feize mil quatre-vingts dix liures : tellement qu'en ladite année 1623. elle auoit en fonds deux cens cinquante-trois mil neuf cens foixante liures, & quatre-vingts dix-neuf mil deux cens trente liures d'arrerages écheus, faifant en tout *trois cens cinquante-trois mil cent foixante liures*, fur lefquels déduifant les trente-neuf mil deux cens liures qu'elle donna à Barbe Giroud, il luy refta en 1633. trois cens treize mil quatre vingts dix liures de bien, lefquelles à raifon du denier vingt produifoient de reuenu quinze mil fix cens quatre-vingts quinze liures par an, pour quatre années écheuës en 1627. reuiennent à foixante-deux mil fept cens quatre-vingts liures. Donc en ladite année 1627. elle auoit en biens trois cens foixante-feize mil fix cens quatre-vingts liures, & pût bien prefter audit Sieur Giroud, fon fils & vnique heritier quarante mil liures, tant pour employer à l'achapt de ladite Charge que pour autre chofe ; & encor il luy refta en 1627. en biens trois cens trente-fix mil fix cens foixante-dix liures, & qui produifoient feize mil huit cens trente liures d'arrerages, lefquels pour cinq années écheuës en 1633. qu'elle deceda quatre-vingts deux mil fix cens cinquante liures, ioignant lefquelles aufdites trois cens trente-fix mil fix cens foixante dix liures, elle a deu laiffer en fa fucceffion audit Sieur Giroud quatre cens dix-neuf mil trois cens vingt liures.

En l'an 1623.
353160. liu.

En 1627.
336670. liu.

Nono, Lefdits heritiers Vadot fubtilifans fur vn article de partage des biens de Marguerite Giroud entre ledit Sr Prefident Giroud & ladite Dame Ferret fa mere, parce qu'il eft porté par ledit article, *que ledit Sieur Prefident Giroud prendra dans ladite fucceffion fept cens quatre-vingts quinze liures moins que ladite Ferret, à caufe d'une rente de pareille fomme appartenant à ladite feuë Marguerite Giroud, & neantmoins conftituée au profit dudit Sieur Prefident Giroud le 11. Septembre 1611. par Claude & Dorothée Bouton, laquelle ladite Marguerite Giroud auroit tranfportée audit Sieur Giroud fon frere, & auroit confeffé en auoir receu le payement moyennant la declaration que luy fit ledit Sieur Prefident Giroud, qu'il ne luy en auoit rien payé, auec promeffe d'y fatisfaire.*

Ils crient, que c'eſt vne colluſion, & que cette rente appartenoit à la ſocieté, comme conſtituée au profit dudit Sieur Preſident Giroud conſtant icelle.

Mais ſi c'eſtoit vne colluſion, ledit Sieur Preſident Giroud n'auroit pas fait conſtituer ladite rente en ſon nom, ains au nom de ſa ſœur, pour mieux cacher ladite colluſion ; ſi cette rente, quoy que conſtituée au profit dudit Sieur Giroud, n'eût pas appartenu à ladite Marguerite Giroud, elle n'en auroit pas fait vn tranſport audit Sieur Preſident Giroud ; & ſi elle auoit appartenu audit Sieur Preſident Giroud, la promeſſe dudit Sieur Giroud n'auroit pas eſté cauſe de faire diminuer le partage dudit Sieur Preſident Giroud en la ſucceſſion de ſa ſœur de ladite ſomme de ſept cens quatre-vingts cinq liures.

De toutes leſquelles obſeruations il faut conclure, qu'en la creation de ladite rente, ledit Sieur Preſident Giroud preſta ſon nom à ſa ſœur, ſans qu'il en euſt fourny vn ſeul denier, & que ſa ſœur luy en faiſant tranſport, auoit tiré de luy vne contre-promeſſe, laquelle contre-promeſſe partant ne preuue aucun dol, ny aucune leſion.

Follin.

Decimò, Leſdits heritiers de ladite Vadot diſent que ladite Dame Ferret a payé pour ledit Sieur Giroud au Sieur Follin la ſomme de quinze cens quatre-vingts dix liures, & diſent que c'eſt de l'argent de la ſocieté, que ledit Sieur Giroud luy auoit remis pour faire ce payement ſous ſon nom, & pretendent de le iuſtifier par vn acte informe, & non ſigné : Mais il importe audit Sr Boihier de faire paroiſtre autant de bonne foy que leſd. heritiers Vadot en ont de mauuaiſe, & pour cette raiſon il demeure d'accord du contenu en ladite copie non ſignée ; toutefois elle ne contient pas que ladite Ferret paya pour ledit Sieur Preſident Giroud leſdits quinze cens quatre-vingts dix liures entierement, ains ſeulement douze cens dix-huit liures, le ſurplus reuenant à trois cens ſoixante-treize liures, par la lecture de cette piece paroiſt auoir eſté payée des propres dudit Sieur Preſident Giroud.

Il ne reſulte non plus de cette piece, ny d'aucune autre, que ledit Sieur Preſident Giroud eût remis manuellement à ladite Ferret ladite ſomme de douze cens dix-huit liures prouenant des deniers de ſa ſocieté pour faire ledit payement, & en tromper ſadite ſocieté, comme le veulent perſuader leſdits heritiers Vadot, au contraire, il reſulte d'vn compte fait entre ledit Sieur Preſident Giroud & ladite Dame Ferret ſa mere, du 18. Iuin 1619. pardeuant Collot Notaire, produit par leſdits heritiers ſous cotte **G,** que ledit Sieur Preſident Giroud tenant compte à ladite Dame Ferret de ladite ſomme de douze cens dix-huit liures, il luy tranſporta de ſes propres en payement d'icelle, & non pas des deniers de ladite communauté.

Simon Breſſon, & Xaintonge.

Vndecimò, Par ce meſme compte leſdits heritiers de ladite Vadot pretendent que ledit Sieur Preſident Giroud tranſporta à ſa mere deux principaux de rente, chacun de quatre cens liures, conſtituées au profit de ladite communauté par Simon Breſſon le 23. Iuillet 1618. & ſuppoſent que la ceſſion en fut faite en payement des debtes propres dudit Sieur Preſident Giroud, & partant qu'il en eſtoit comptable à leur ſocieté.

Mais il reſulte dudit compte que des quatre mil ſept cens & tant de liures deuës à ladite Ferret, il en eſtoit deu quatre cens liures par la communauté deſdits Sieur Giroud & Vadot, & on demeure d'accord que le ſurplus eſtoit à la charge dudit Sieur Giroud ; mais auſſi il n'entra pas au payement deſdits quatre mil ſept cens & tant de liures, aucuns deniers de ladite communauté que quatre cens liures par la ceſſion de l'vne des ſuſdites deux rentes, qui ne ſont pas des rentes conſtituées par Breſſon au profit de la ſocieté, mais conſtituées au profit dudit Breſſon & ſa femme par le Sieur de Xaintonge, dont ledit Breſſon fit ceſſion audit Sieur Giroud en 1618. à ſçauoir l'vne en acquittement de trois cens liures que deuoit ledit Breſſon audit Sieur Preſident Giroud par obligation de l'année 1606. contenuë en l'inuentaire des propres dudit Sieur Preſident Giroud, qu'il fit lors de ſon mariage auec ladite Vadot, & de quelques intereſts deubs par ledit Breſſon audit Sieur Preſident Giroud, au moyen dequoy on ne peut pas dire que cette rente fuſt des biens de la communauté, partant il n'y en auoit qu'vne propre à ladite communauté, laquelle fut cedée en acquittement des debtes de ladite communauté.

Leſdits

Duodecimò, Lesdits heritiers de ladite Vadot pretendent encor que dans les constitutions des rentes cedées par ledit Sieur President Giroud en payement de dot de Damoiselle Barbe Giroud sa fille, il y en a quatre qui appartenoient à sa societé, sçauoir l'vne au principal de mil liures, constituée au profit dudit Sieur President Giroud par Ioseph du Charme en 1617. & l'autre aussi au profit dud. Sieur Giroud en 1618. de la somme de six cens trente liures par le nommé Ponsard, les deux autres constituées par les Habitans de Charney, l'vne au principal de douze cens liures, la derniere an principal de trois mil six cens liures.

Mais il se void par les contracts desdites deux premieres constitutions de rente constituées en 1617. & 18. qu'elles sont propres dudit Sieur Giroud, comme constituées pour vente d'heritages propres dudit Sieur President Giroud, situez à Prondeuaux, & à S. Maurice, comme il resulte desdites constitutions.

Pour les deux autres rentes, l'vne au principal de douze cens liures, & la derniere de trois mil six cens liures, deuës par les Habitans de Charney, elles sont toutes constituées au profit de feu Iacques Giroud, mesme dés l'année 1611. & elles sont écheuës audit Sieur Benoist Giroud de la succession dudit Sieur Iacques Giroud son frere, ainsi qu'il resulte de son partage, & partant n'estoient pas de ladite societé.

Lesdits heritiers de ladite Vadot par ladite transaction de 1639. vendirent pour sept cens cinquante liures leur part & portion, qu'ils auoient en quelques ouurées de vigne situées à Dijon, acquises pendant ladite societé.

Ils disent auoir esté lesez en cette vente, parce que lesdites vignes auoient esté acquises par ladite societé pour le prix de deux mil sept cens cinquante liures, ainsi que du moins on leur deuoit faire valoir la moitié desdites vignes treize cens soixante-quinze liures au lieu de sept cens cinquante liures.

Mais c'est vne subtilité, car il n'est pas vray que lesdites vignes eussent esté acheptées par la societé deux mil sept cens cinquante liures : mais lesdites vignes & l'heritage de Bessay ensemble, pour ledit prix de deux mil sept cens cinquante-neuf liures, ainsi qu'il resulte de la mesme piece, dont lesdits heritiers de ladite Vadot se veulent preualoir, & par ladite transaction lesdits heritiers Vadot ne vendent pas audit Sieur President Giroud leur part de l'heritage de Bessay, mais seulement leur part desdites vignes, qui n'estoient que partie de l'acquisition faite pour deux mil sept cens cinquante liures.

Decimoquartò, Lesdits heritiers Vadot se plaignent de ce que ledit Sieur President Giroud donna en mariage à vne seruante qui auoit seruy plusieurs années dans sa communauté la somme de cent quatre-vingts liures : mais cette plainte est ridicule, ledit Sieur President Giroud ne leur ayant iamais esté comptable de ce qu'il a dépensé ou donné pendant sadite communauté, mais seulement de ce qui s'est trouué aprés la dissolution d'icelle.

Decimoquintò, C'est encor vne impertinence à eux de pretendre quarante-trois liures pour quelques estoffes que ladite Vadot auoit acheptées pour ladite Ferret, & si ladite Vadot a payé lesd. 43. l. elle en auoit receu l'argent de lad. Ferret.

Decimosextò, Lesdits heritiers Vadot se plaignent encor que ledit Sieur President Giroud dépensa quatre cens cinquante-huit liures constant sa communauté, pour vn festin qu'il fit à ses amis lorsqu'il maria Damoiselle Barbe Giroud sa fille; mais cette plainte est ridicule, & il ne leur est pas comptable de toute la dépense qu'il luy a plû de faire constant sa societé, pendant laquelle il luy eût esté permis de dissiper tous les biens de ladite societé en festins, sans en rendre compte à personne, comme maistre absolu de la communauté.

Decimoseptimò, Pour la mesme raison, c'est vne impertinence ausd. heritiers de ce qu'ils pretendent faire tenir compte audit S. President Giroud de cent quarante-huit liures pour le prix d'vn rechaut d'argent qu'il donna en estrenne, suiuant la mode du pays, à vn sien filleul son petit-fils. Et si ledit Sieur Boihier estoit personne à vetiller, comme lesdits heritiers de ladite Vadot, il leur pourroit bien rechercher les presens de mesme nature que ladite Vadot a fait pendant ladite communauté à dix ou douze siens filleuls, enfans de sesdits heritiers ; mais cette procedure n'est digne que de canaille.

D

Decimooctauò, Lefd. heritiers de lad. Vadot fe plaignent d'auoir efté lefez en la vente des Terres de Marigny & d'Ocles, qu'ils firent audit Sr Prefident Giroud par lad. tranfaction, en deux façons; premierement, de quatorze mil liures, dont ils difent que ledit Sr Prefident Giroud leur deuoit tenir compte, à caufe qu'au payement defdites Terres acquifes conftant le mariage, le Sr Prefident Giroud y auoit employé la mefme fomme deuë à ladite Vadot par la Dame de Bayas : Mais cela eft impertinent, car encor que ledit Sieur Prefident Giroud employât en ladite acquifition ce qui eftoit deu par ladite Dame de Bayas à ladite Vadot, & qui ne reuenoit pas pourtant à quatorze mil liures, il ne fut pas obligé de tenir compte à fes heritiers, mais de remplacer vne fois en general tout ce qui ne s'eft pas trouué en eftre des rentes que ladite Vadot auoit apporté dans ladite focieté.

La feconde lefion pretenduë en la vente defdites Terres eft fondée par lefdits heritiers, en ce qu'ils difent que lefdites Terres valoient foixante vnze mil liures, & neantmoins ils ne les ont venduës audit Sieur Prefident Giroud que fur le pied de quarante mil liures ; & pour preuuer que lefdites Terres valoient foixante-vnze mil liures, ils employent vn contract du 1. Septembre 1648. duquel ils pretendent iuftifier qu'il remit lefd. deux Terres à vne de fes filles pour ladite fomme de foixante-vnze mil liures, bien qu'elles valuffent moins que lors qu'ils les vendirent audit Sieur Giroud, à caufe qu il en auoit alicné en 1641. des bois de haute fuftaye pour le prix de deux mil fix cens liures.

Cette lefion eft imaginaire, *Primò*, parce que par ledit contract il a efté permis au Sieur Prefident Giroud de faire prendre lefdites Terres à fa fille pour vn prix plus haut qu'elles ne valoient : *Secundò*, parce que ce n'eft pas vne marque d'vne lefion quand ledit Sieur Prefident Giroud auroit reuendu lefdites Terres plus qu'elles ne luy couftoient : *Tertiò*, parce qu'il refulte dudit contract de 1648. qu'il ne fit pas valoir feulement lefdites deux Terres foixante-vnze mil liures : mais lefd. deux Terres iointes à fon heritage de Buffi en valeur de vingt mil liures pour ladite fomme de foixante-vnze mil liures : *Quartò*, que pour alleguer vne lefion en vne vente il faut faire eftat de la valeur de la chofe au temps qu'elle fut venduë, & non pas dix ans aprés. Et pour iuftifier que lefdites Terres en l'année 1639. ne valoient pas plus de quarante mil liures, il refulte de l'inuentaire des biens de ladite Vadot, aprés fon decez, qu'elles n'auoient coufté audit Sieur Giroud que trente-trois mil liures ; & neantmoins par ladite tranfaction de 1639. ledit Sieur Giroud a achepté la part defdits heritiers fur le pied defdits quarante mil liures. D'ailleurs, lefdites Terres n'ont iamais efté affermées que quinze cens liures auec le betail que lefdits heritiers ne vendirent pas audit Sieur Prefident Giroud auec lefdites Terres en valeur de feize cens liures. Sur laquelle fomme de quinze cens liures, il faloit encor déduire les reparations qu il faloit faire aux maifons & eftangs, en valeur de plus de cent cinquante liures par an : tellement que déduifant fur lefdits quinze cens liures, lefdites cent cinquante liures de reparations de cent liures pour les interefts du betail, lefdites Terres ne valoient que douze cens cinquante liures de rente, lefquelles à raifon du denier trente, comme les Terres fe vendent en Bourgogne, ne produifent pour la valeur defdites Terres que trente-fept mil cinq cens liures, & neantmoins ils les ont venduës à raifon de quarante mil liures. La verité du Bail à ferme defdites Terres ne peut eftre conteftée par lefdits heritiers, puis qu'ils en eftoient eux-mefmes Fermiers, ainfi qu'il refulte de l'inuentaire des biens de ladite Vadot fait aprés fa mort.

Quant à la fuppofition inutile que ledit Sieur Prefident Giroud en auoit alicné en l'année 1641. des bois de haute fuftaye pour deux mil fix cens liures, il refulte du contract de la vente defdits bois qu'ils n'eftoient pas defdites Terres de Marigny & Ocles, mais des bois dépendans de la Baronnie de Montcenis.

Decimononò, Lefdits heritiers de ladite Vadot pretendent encor auoir efté lefez en la vente qu'ils ont faite de leur part & portion de quelques maifons de leurdite communauté ; mais il n'y a point de lefion pour eux, puis qu'ils les ont reuenduës pour le prix qu'elles couftoient ; ioint à tout cela que quand lefdites Terres de Marigny, Ocles & maifons auroient valu quelque chofe plus qu'elles ne furent venduës audit Sieur Prefident Giroud, ce fut en confideration de ce

15

que ledit Sieur President Giroud se relâcha en faueur desdits heritiers de ladite
Vadot de plusieurs pretentions qu'il auoit contr'eux, ainsi qu'il resulte de ladite
transaction de 1639. *num.* 8. 9. 10. & 11. lesquelles doiuent tenir lieu de prix desdites terres & maisons.

Vigesimò, Lesdits heritiers Vadot se plaignent encor, & disent qu'ils ont esté Meubles vtancils.
lesez en la vente par eux faite des meubles vtancils de la communauté audit Sieur
President Giroud, dans laquelle ils alleguent trois lesions; la premiere, en ce
qu'ils pretendent que par ladite transaction on ne leur a tenu compte que de la
somme de neuf mil cinq cens quatre-vingts quinze liures, pour leur part & portion desdits meubles, au lieu qu'on leur deuoit tenir compte de dix mil cinq cens
trente-trois mil liures pour moitié de vingt-vn mil soixante-six liures, à quoy reuenoient lesdits meubles, y compris l'argent monnoyé, les grains & les vins contenus en l'inuentaire fait aprés le decez de ladite Vadot, ainsi ils ont esté lesez
par ce moyen de neuf cens trente-huit liures.

Mais cette lesion a pour fondement deux faux principes; le premier, en ce
qu'il ne se trouuera pas veritable que par ladite transaction ils ayent vendu audit
Sieur President Giroud, ny l'argent monnoyé, ny les bleds, ny les vins, mais seulement les meubles vtancils, y compris la vaisselle d'argent, les carosse, chariot &
cheuaux, ainsi qu'il resulte de ladite transaction, *num.* 14. Le second faux principe
est, que ledit Sieur President Giroud n'a pas payé ausdits heritiers Vadot neuf mil
cinq cens quatre-vingts quinze liures entierement pour leur part & portion desdits meubles, mais seulement la moitié desdits neuf mil cinq cens quatre-vingts
quinze liures, à quoy reuenoit le prix total desdits meubles vtancils, vaisselle d'argent, carosse, chariots & cheuaux, suiuant l'estimation qui en fut faite par l'inuentaire fait aprés le decez de ladite Vadot, l'autre moitié luy appartenant, distra-
ction faite auparauant sur le total de quinze cens liures pour la chambre garnie,
que deuoit preleuer ledit Sieur President Giroud dans ladite societé, suiuant son
contract de mariage, de consequent lesdits heritiers de ladite Vadot n'ont point
esté lesez dans la vente desdits meubles vtancils pour le prix de la taxe.

Vigesimoprimò, La seconde lesion, en ce qu'ils disent, que ledit Sieur President Chambre garnie.
Giroud s'est fait payer quinze cens liures pour sa chambre garnie, au lieu qu'il n'en
deuoit prendre que mil liures, suiuant son traitté de mariage; mais ledit contract
de mariage luy donnant pouuoir de preleuer en espece sadite chambre garnie, ou
pour le prix mil liures, pour faire que ledit Sieur President Giroud ne preleuast
pas sadite chambre garnie en espece, parce qu'elle estoit de plus grande valeur,
lesdits heritiers Vadot en conuindrent auec luy pour ladite somme de quinze cens
liures, ainsi point de lesion.

Vigesimosecundò, La troisiéme lesion consiste en ce que lesd. heritiers Vadot preten- Carosse & cheuaux.
dent que ledit Sr President Giroud a preleué deux fois ses carosse & cheuaux, l'vne
en espece, l'autre en argent comptant, s'estant fait donner pour iceux la somme de
douze cens cinquante liures: Mais cette pretention est si fort contre la verité qu'ils
ne sçauroient faire voir que ledit Sieur President Giroud ait preleué, ny lesdits
carosse & cheuaux en espece, ny le prix d'iceux; au contraire par ladite transaction, *num.* 14. il resulte que lesdits heritiers de ladite Vadot eurent la moitié desdits carosse & cheuaux, & furent compris auec lesdits meubles vtancils & vaisselle
d'argent à luy venduës pour ladite somme de neuf mil cinq cens quatre-vingts
quinze liures, dont il paya la moitié ausdits heritiers Vadot.

Et pour les douze cens cinquante liures accordées audit *num.* 14. de ladite
transaction par lesdits heritiers Vadot audit Sieur President Giroud sur leur part
& portion desdits neuf mil cinq cens quatre-vingts quinze liures. Ce fut moyennant le departement que fit ledit Sieur President Giroud au profit desdits heritiers Vadot de l'vsufruit de tous lesdits meubles que luy auoit legué ladite Vadot.
En sorte que faisant vne iuste supputation conforme audit inuentaire des biens
de ladite Vadot, & à ladite transaction, *num.* 14. sur le total du prix desdits meubles vtancils, vaisselle d'argent, carosse & cheuaux de la somme de neuf mil cinq
cens quatre-vingts quinze liures, on a deü déduire quinze cens liures pour la chambre garnie dudit Sieur President Giroud, & dans les huit mil quatre-vingts quinze
liures restant, tous les heritiers de ladite Vadot auoient la moitié reuenant à

quatre mil quarante-fept liures dix fols ; fur laquelle moitié on a deû preleuer encor douze cens cinquante liures par eux accordées audit Sieur Prefident Giroud fur leur part & portion defdits meubles, moyennant le departement que fit à leur profit ledit Sieur Prefident Giroud de l'vfufruit defdits meubles, à luy legué par le teftament de ladite Vadot, ainfi ladite part de tous lefdits heritiers, refta pour deux mil fept cens quatre-vingts dix-fept liures dix fols, dans laquelle ledit Sieur Prefident Giroud auoit vn huitiéme pour la portion hereditaire de Iean Milot à luy cedée, reuenant à trois cens quarante-fept liures dix fols, & par ce moyen ne refta aux autres heritiers que les deux mil quatre cens cinquante liures qui leur furent payez par ledit Sieur Giroud, ainfi qu'il refulte, *num.* 14. de ladite tranfaction.

Vignes de Dijon.

Vigefimotertio, Lefdits heritiers Vadot fe plaignent, & difent qu'ils ont efté lefez en la vente qu'ils ont faite audit Sieur Prefident Giroud de leur part & portion en l'acqueft fait conftant la focieté, de certaines vignes au territoire de Dijon ; parce, difent-ils, qu'elles couftoient à la communauté deux mil fept cens liures, ainfi leur part & portion deuoit reuenir à mil trois cens cinquante liures.

Mais par le partage fait auec Meffieurs de la Sainte Chapelle de Dijon, produit par lefdits heritiers fous la cotte G, pour iuftifier de ladite acquifition, il refulte que pour le prix defdits deux mil fept cens liures, ladite focieté n'aquift pas feulement lefdites vignes de Dijon, mais encor l'heritage de Beffay ; d'où il s'enfuit que fi le total de ladite acquifition ne valoit que deux mil fept cens liures, & que lefdites vignes de Dijon, qui n'en faifoient qu'vne partie, ne valoient pas le prix du total.

Ioüyffance de la Terre de Veffay.

Vigefimoquarto, Lefdits heritiers Vadot fe plaignent de ce que par ladite tranfaction, *num.* 19. ils cederent des effets de la fucceffion pour mil cinquante liures, afin que ledit Sieur Prefident Giroud les acquitaft enuers fon fils de ce que luy deuoit la focieté pour auoir ioüy pendant diuerfes années de la Terre de Veffay, que ledit Sieur Prefident Giroud luy auoit donnée en mariage ; la raifon de leur plainte confifte en ce qu'ils difent qu'ils ne voyent pas que ladite focieté eût ioüy de ladite Terre.

Mais s'ils ne le voyent pas à prefent, ils l'ont bien veu & reconnu par ladite tranfaction ; laquelle reconnoiffance fert de preuue de la verité de ladite ioüyffance, nonobftant qu'ils fe foient pouruues contre cette tranfaction, parce qu'il n'eft pas iufte de fe preualoir du déperiffement qu'on a laiffé faire des preuues fur la foy d'vne tranfaction, & que quand mefme elle feroit refcindée, ce qui n'eft pas iufte, *probatoria remanent*, & par confequent il faut qu'ils voyent aujourd'huy ce qu'ils ont veu autrefois, & qu'il demeure pour conftant que ladite focieté auoit ioüy de ladite Terre de Veffay, & en eftoit comptable au Sieur Giroud fils.

Vigefimoquinto, Lefdits heritiers Vadot fe plaignent encor de ce que ledit Sieur Prefident Giroud a receu de grandes fommes des propres de ladite Vadot, dont il ne leur a pas tenu compte, & pour le preuuer fe feruent d'vn memoire de ladite Vadot, non figné, contenant plufieurs articles de diuerfes fommes receuës par ledit Sieur Prefident Giroud pendant ladite communauté iufqu'à la fomme de douze mil liures. A cela deux repliques.

La premiere, que ce memoire ne pourroit pas conuaincre ledit Sieur Giroud neantmoins on veut bien demeurer d'accord du contenu en ce memoire, fans que lefdits heritiers en puiffent tirer aduantage ; La raifon eft, que ce memoire ne contient autre chofe, finon que ledit Sieur Prefident Giroud a receu conftant la communauté diuers arrerages des rentes de ladite focieté, & vn principal de rentes des propres de ladite Vadot.

Quant aux arrerages defdites rentes, il eftoit au droit & pouuoir de les receuoir comme Maiftre de la communauté, de l'adminiftration de laquelle il n'eft pas comptable aufdits heritiers de ladite Vadot, comme vn tuteur à fon pupille ; mais feulement de ce qui s'eft treuué en ladite focieté après la diffolution d'icelle, & il doit plus que fuffire aufdits heritiers de ladite Vadot que les diuerfes receptes faites par ledit Sieur Prefident Giroud des arrerages de ladite focieté, ayent produit cent dix mil liures d'acquefts, dont ils ont eu la moitié par ladite tranfaction.

Quant

Quant à la rente propre à ladite Vadot, ils ne s'en peuuent pas plaindre, puis qu'on leur a remplacé tous les propres de ladite Vadot alienez constant ladite communauté.

26°. Lesd. heritiers Vadot disent que le legat de neuf mil liures fait audit Sieur President Giroud, & de trois cens liures à trois de ses petits enfans par le testament de ladite Vadot ne peuuent subsister, à cause d'vn acte de protestation fait en 1617. par ladite Vadot, de nullité de tous testamens qu'elle feroit au profit dudit Sieur President Giroud, ou de ses enfans, s'il n'estoit écrit & signé de sa main, & s'il ne contenoit certaine clause dérogatoire qu'elle auoit mises en vn testament qu'elle auoit precedemment fait en l'année 1612. Mais ce dernier testament est écrit & signé de la main de ladite Vadot, & ses heritiers ne iustifient pas de ce testament de 1612. pour faire voir que le dernier de 1638. ne contient pas la clause dérogatoire contenuë au premier. *(Legats de 9000. liu. & 3000. liu.)*

D'ailleurs, c'est vn maxime de Droit, que telles clauses dérogatoires, *pro non adiectis habentur*, dix ans aprés, au lieu que ce testament dernier a esté fait vingt-six ans aprés le premier.

Enfin, si ce testament estoit nul, lesdits heritiers testamentaires de ladite Vadot n'auroient peû apprehender son heredité en vertu d'iceluy testament ; & aprés l'auoir accepté & executé, comme il resulte de ladite transaction, *num. 2.* lesdits heritiers Vadot ne sont plus en droit de le contester, ny en tout, ny en partie.

27°. Lesd. heritiers Vadot, pour faire suspecter de mauuaise foy ledit Sieur President Giroud, se plaignent qu'en l'inuentaire de ladite Vadot fait aprés sa mort, il ne se trouua point de manuels, & que ledit Sieur Giroud les leur a cachez & retenus, pour ne pas découurir ses tromperies.

Mais ils sont conuaincus de supposition par les art. 78. 80. & 81. dudit inuentaire, dans lequel lesdits manuels sont inuentoriez, & en tous les apostils sur les articles dudit inuentaire, qui contiennent les rentes de ladite societé, est écrit de la main du Notaire qui a procedé audit inuentaire, le dénombrement des arrerages écheus desdites rentes lors du decez de ladite Vadot, suiuant qu'il auoit esté reconnu par lesdits manuels, d'où il s'ensuit qu'ils ne leur furent pas cachez. *(Manuels.)*

Il est vray que par ce mesme inuentaire tous les effets, titres, papiers, & entre iceux lesdits manuels furent delaissez audit Sieur President Giroud, comme maistre de ladite communauté, lequel les garda iusques au iour de ladite transaction. Mais par ladite transaction, *num. 21.* ledit Sieur President Giroud remit aussi ausdits heritiers tous les titres, papiers & enseignemens de l'heredité de ladite Vadot, & par consequent lesdits manuels.

28°. Lesdits heritiers se plaignent que ledit Sieur President Giroud leur a retenu des papiers, principalement contre la Damoiselle Mathieu, & se fondent pour le preuuer sur vn article de l'inuentaire des biens dudit Sieur President Giroud fait aprés sa mort, dans lequel il est contenu in terminis ; *Vn sac auquel est ioint vne liasse de papiers concernant les heritiers Ieanne Vadot & le Sieur Mathieu, auec le contract de vente, contenant échange passé entre ledit Sieur President Giroud & Maistre Iean Milot, parce qu'il peut seruir contre les heritiers de ladite Vadot.* *(Sac de papiers.)*

Mais cet article ne conclud rien, sinon que dans ce sac estoient les pieces du procez, que ledit Sieur President Giroud auoit contre lesdits heritiers de ladite Vadot, & contre ladite Mathieu, soit du chef de Iean Milot, l'vn des heritiers de ladite Vadot, dont ledit Sieur Giroud estoit cessionnaire, soit de son chef, parce que ladite Mathieu luy deuoit la moitié des arrerages écheus constant sa communauté, des quatre rentes de la succession d'Ayme Vadot au principal de huit mil huit cens quatre-vingts liures restées entre les mains de ladite Mathieu par le partage qu'elle fit en 1620. auec ladite Vadot ; & partant il n'y auoit point de pieces dans le sac pour lesdits heritiers de Vadot, qui ont voulu equiuoquer sur le mot *concernant*, contenu audit article, & dissimuler que ce mot, qui se peut expliquer aussi bien contre lesdits heritiers que pour lesdits heritiers, est assez expliqué par le terme qui suit, *contre lesdits heritiers*, pour faire iuger que les papiers contenus en ce sac ne leur appartenoient pas.

E

Rente de Iu-
gnot.

29°. Lefd. heritiers de ladite Vadot crient fans raifon que ledit Sieur Prefident Giroud leur a caché vne conftitution de rente creée à fon profit fous fignature priuée par le nommé Iugnot en 1634. de la fomme de treize mil liures, laquelle s'eft treuuée dans l'inuentaire dudit Sieur Giroud aprés fa mort, de laquelle ils difent que ledit Sieur Prefident Giroud leur deuoit tenir compte : mais ils fe trompent, & ont fupprimé à la Cour que ledit inuentaire defdits biens dudit Sieur Prefident Giroud, porte que cette conftitution de rente eftoit pour vente d'heritages : Ce qui eft vray, car elle fut conftituée pour le prix dudit heritage propre audit Sieur Giroud au territoire de Saulniere à luy écheu par la fucceffion de Barbe Ferret fa mere, & par confequent point de dol, & on ne leur en doit point tenir compte.

Rente de
Fuffey.

30. Lefd. heritiers de lad. Vadot fe plaignent d'vn rachapt de rente en principal de quatre mil liur. conftituée au profit dudit Sieur Prefident Giroud pour le Sieur de Fuffey, & par luy engagée au Sieur Prifque fon beau-frere auant fon mariage, laquelle ledit Sieur Giroud retira en l'année 1614. conftant la communauté, de confequent, difent-ils, s'eftoit vn acqueft de la communauté, dans lequel ils deuoient auoir la moitié : Mais ils fuppriment à la Cour que cette rente fut racheptée des deniers d'vne autre rente deuë par le Sieur Chaffepot à Sieur Iacques Giroud, & par confequent elle eftoit propre audit Sieur Prefident Giroud, comme racheptée d'vn propre de la fucceffion de Iacques fon frere, & non pas de la focieté dudit Sieur Prefident Giroud auec ladite Vadot.

31°. Lefd. heritiers Vadot difent, que ledit Sieur Prefident Giroud auoit acquis le domaine du Greffe au Grenier à Sel du Mont S. Vincent, fous pretexte de quelques quittances qu'il a fait aux Fermiers dudit Greffe. Mais comme cela eft calomnieux lefdites quittances leur font inutiles, parce que ledit Sieur Prefident Giroud les a faites au nom de fa mere, & qu'il appert par contract du 1. Iuillet 1623. produit par lefdits heritiers fous cotte G, que l'acquifition qui auoit efté faite defdits Greffes par le Sieur Baillet fut tranfportée à Barbe Ferret.

Serment in
litem.

32°. Aprés tant d'inutiles & impertinentes pretentions, lefdits heritiers Vadot ont le front & la hardieffe de demander d'eftre receus au ferment en plaid des diuertiffemens, tromperies & recellez qu'ils pretendent auoir efté faits par ledit Sieur Prefident Giroud iufques à la fomme de cent cinquante mil liures, auec interefts.

Mais inutilement *Primò*, Parce que lefdits heritiers ne l'ont pas demandé contre ledit Sieur Prefident Giroud pendant qu'il viuoit : ce qui fait qu'ils ne le peuuent demander contre fon heritier, *l. alio iure 4. & l. vlt. C. de in lit. iur.*

Secundò, Si les recelez & diuertiffemens pretendus par lefdits heritiers eftoient auffi veritables qu'ils font faux & controuuez, ainfi qu'on a fait voir cy-deuant à la Cour, le dommage qui en reuiendroit aufdits heritiers Vadot feroit certain, & iamais on ne defere le ferment *in litem* que pour vn dommage incertain, & dont on ne peut auoir la preuue, *l. 3. ff. de in lit. iur.* les crimes mefmes de larcin, & *de vi bonorum raptorum*, ne fe puniffent pas de la peine de ferment *in litem*. Mais le premier de la peine du double, & le fecond du quatruple, *l. 1. ff. de vi. bon. rapt. & l. 1. fi Paulus ad Senat. Trebell.*

Tertiò, Le ferment *in litem*, ne fe donne iamais qu'il n'apparoiffe d'vn dol manifefte qui ait produit vn intereft impoffible à preuuer ; Et par tout ce que deffus, la Cour eft pleinement informée qu'il n'y eut iamais dol de la part dudit Sieur Prefident Giroud ; mais au contraire que l'action defdits heritiers Vadot eft vn dol perpetuel, & notamment cette demande du ferment *in litem*.

Conclud partant ledit Sieur Boihier à ce qu'il foit dit, qu'il a efté mal, nullement & precipitamment iugé au chef de l'interinement defdites Lettres à l'égard defdits trois heritiers mineurs, & encore en ce que les majeurs defdits heritiers n'ont pas efté condemnez aux dépens de l'inftance ; Et quant à l'appellation interjetée par lefdits huit heritiers majeurs, de ce qu'ils ont efté deboutez de l'interinement defdites Lettres, l'appellation foit mife au neant, & que ce dont eft appel fortira effet ; & au furplus faifant droit fur la Requefte dudit Sieur Boihier les vns & les autres defdits heritiers foient condamnez de luy reftituer neuf mil pour moitié de dix-huit mil liures d'erreur de calcul faite fur les remplacemens qu'on deuoit faire audit Sieur Prefident Giroud, & huit mil fix cens cinquante liures pour moitié de dix-fept mil deux cens liures d'erreur de calcul fur les remplace-mens faits à ladite Vadot, auec interefts dés le iour de ladite tranfaction ; le tout auec dépens.

Monfieur F E R R A N D, *Rapporteur.*

[illegible]

[illegible]
[illegible]
[illegible]
[illegible]